CHAMBRE DE COMMERCE DE PARIS

# ÉCOLE SUPÉRIEURE PRATIQUE
## DE COMMERCE ET D'INDUSTRIE

Fondée en 1820, acquise par la Chambre de Commerce en 1869

Reconnue par l'État

(Décret du 22 juillet 1890)

79, Avenue de la République, PARIS (11ᵉ)

(Précédemment, 102, rue Amelot)

TÉLÉPHONE ROQ. 02-08

# QUESTIONNAIRES
POUR LES
## EXAMENS DE SORTIE ET DE PASSAGE
### 2ᵉ CYCLE

PARIS

LIBRAIRIE VUIBERT

63, Boulevard Saint-Germain, 63

1918

# CHAMBRE DE COMMERCE DE PARIS

## ÉCOLE SUPÉRIEURE PRATIQUE
### DE COMMERCE ET D'INDUSTRIE

Fondée en 1820, acquise par la Chambre de Commerce en 1869

**Reconnue par l'État**

(Décret du 22 juillet 1890)

---

**79, Avenue de la République, PARIS (11ᵉ)**
(Précédemment, 102, rue Amelot)

TÉLÉPHONE ROQ. 02-08

---

# QUESTIONNAIRES
## POUR LES
## EXAMENS DE SORTIE ET DE PASSAGE
### 2ᵉ CYCLE

---

PARIS

LIBRAIRIE VUIBERT

63, Boulevard Saint-Germain, 63

—

1918

# TABLE DES MATIÈRES

| | Pages |
|---|---|
| Instructions complémentaires. | 3 |

### 5ᵉ année :

| | |
|---|---|
| Commerce et Documents commerciaux ; Comptabilité et Tenue des Livres. | 7 |
| Mathématiques appliquées au Commerce. | 14 |
| Langues étrangères. | 20 |
| Géographie économique de l'Europe. | 21 |
| Technologie. | 25 |
| Outillage commercial et industriel. | 29 |
| Législation commerciale et maritime. — Procédure pratique. | 33 |
| Législation industrielle et ouvrière. | 36 |
| Législation budgétaire et douanière. | 41 |
| Économie politique. | 45 |
| Transports commerciaux. | 50 |

### 4ᵉ année :

| | |
|---|---|
| Commerce et Documents commerciaux ; Comptabilité et Tenue des Livres. | 57 |
| Mathématiques appliquées au Commerce. | 64 |
| Langues étrangères. | 72 |
| Histoire de l'évolution du Commerce moderne. | 73 |
| Géographie économique. | 76 |
| Législation commerciale. | 82 |
| Chimie et Technologie. | 88 |

# INSTRUCTIONS COMPLÉMENTAIRES

(*Voir les articles 55, 58, 61, 63, 65 du Règlement pour les élèves.*)

——

1° La liste des élèves étant établie par ordre alphabétique, le tirage au sort désigne l'élève par lequel l'examen commence.

2° Un certain nombre d'élèves sont présents dans la salle d'examens.

L'élève qui doit être interrogé le premier tire le numéro de sa question ; il lui est accordé dix minutes pour se préparer, sans le secours d'aucune note, en présence de l'examinateur.

Le deuxième élève tire à son tour le numéro de sa question et se prépare pendant l'examen du premier élève, et ainsi de suite.

3° La durée d'un examen pour chaque élève est d'environ dix minutes.

4° Les notes ne sont portées à la connaissance des élèves qu'à la fin de l'examen.

5° Toute fraude ou tentative de fraude entraîne l'exclusion immédiate des examens et de l'École.

6° Toutes les réclamations doivent être adressées au Sous-Directeur, qui les transmet au Directeur. Le Président du Jury prononce sur toutes les difficultés qui peuvent s'élever pendant la durée de l'examen.

# QUESTIONNAIRES

#### POUR LES

## EXAMENS DE SORTIE

### 5ᵉ ANNÉE

# COMMERCE ET DOCUMENTS COMMERCIAUX
# COMPTABILITÉ ET TENUE DES LIVRES

---

**1.** (*a*) Actions de numéraire. Actions d'apport. Conditions de négociabilité.

(*b*) Affaires en consignation. Écritures chez le commissionnaire.

**2.** (*a*) Actions ordinaires. Actions de priorité. Actions de jouissance.

(*b*) Affaires en consignation. Écritures chez le commettant.

**3.** (*a*) Titres nominatifs. Titres mixtes. Transfert. Droit de transfert.

(*b*) Consignation à l'étranger. Différence du change.

**4.** (*a*) Titres au porteur. Droits de transmission. Calcul de la taxe.

(*b*) Lecture du bilan d'une banque d'affaires.

**5.** (*a*) Parts de fondateurs. Émission et négociation de ces titres.

(*b*) Affaires en participation. Écritures chez les divers participants.

6. (*a*) Différentes sortes d'obligations. Remboursement (primes-lots).
(*b*) Lecture d'un bilan de société industrielle.

7. (*a*) Droits de timbre (actions, obligations, parts de fondateurs). Timbre au comptant. Timbre par abonnement. Dispenses de droit.
(*b*) Comptabilité d'une succursale.

8. (*a*) Impôt sur le revenu (actions, obligations, parts de fondateurs). Primes-lots.
(*b*) Comptabilité industrielle. Écritures d'inventaire.

9. (*a*) Sociétés par actions. État trimestriel à fournir à l'enregistrement. Paiement des droits.
(*b*) Comptabilité industrielle. Des réserves; leur utilité. Différences entre les amortissements et les réserves (Écritures).

10. (*a*) Sociétés par actions. Formalités à remplir pour la constitution.
(*b*) Lecture du bilan d'une société faisant le commerce de marchandises.

11. (*a*) Sociétés par actions. Statuts. Énonciations nécessaires.
(*b*) Comptabilité des Sociétés par actions. Bilan. Classification rationnelle des Comptes.

12. (*a*) Sociétés par actions. Vérification, approbation des apports en nature et des avantages particuliers.

(b) Lecture du bilan de la Banque de France.
13. (a) Sociétés en commandite par actions. Conseil de surveillance. Nomination. Attributions.
(b) Lecture du bilan d'une société de transports maritimes.
14. (a) Sociétés anonymes. Commissaires de surveillance. Nomination. Attributions.
(b) Lecture du bilan d'un Établissement de crédit.
15. (c) Sociétés anonymes. Conseil d'administration. Nomination. Attributions.
(b) Comptabilité de banque : crédits par acceptation, lettres de crédit.
16. (a) Sociétés par actions. Assemblées générales ordinaires. Droit d'assistance à l'Assemblée. Feuille de présence. Tenue de l'Assemblée.
(b) Fractionnement des livres et des comptes. Constitution du capital. Comptes personnels des patrons. Résultats de l'exercice (Écritures).
17. (a) Sociétés par actions. Assemblées générales extraordinaires. Mentions de l'avis de convocation. Pouvoirs de l'Assemblée.
(b) Comptabilité privée d'un capitaliste et, plus particulièrement, gestion d'immeubles (Écritures).
18. (a) Sociétés par actions. Obligations fiscales (déclaration d'existence, augmentation du capital, assemblées générales, etc.).
(b) Rapports des banques et des sociétés : émissions en banque, domiciliation des coupons, etc. (Écritures à la banque).

19. (a) Bourse des marchandises. Objet des transactions. Conditions que doivent remplir les marchandises qui sont l'objet des transactions.

    (b) Comptabilité de banque. Effets sur l'étranger. Métaux précieux (Calculs. Écritures).

20. (a) Bourse des marchandises. Affaires fermes à la hausse, à la baisse.

    (b) Comptabilité des Sociétés par actions. Écritures relatives à l'émission et à la souscription des actions. Frais d'émission. Actions émises avec prime.

21. (a) Bourse des marchandises. Affaires à primes. Facultés.

    (b) Comptabilité des Sociétés par actions. Écritures relatives à la libération des actions en numéraire ou en apports en nature.

22. (a) Bourse des marchandises. Filière. Filiéristes. Liquidation à domicile.

    (b) Comptabilité des Sociétés par actions. Écritures relatives à la répartition des bénéfices.

23. (a) Bourse de Commerce de Paris. Liquidation centralisée.

    (b) Comptabilité des Sociétés par actions. Écritures relatives à l'augmentation, à la diminution du capital.

24. (a) Bourse des marchandises. Caisse de liquidation.

    (b) Écritures relatives à l'émission et à la souscription des obligations. Obligations émises au-dessous du pair et remboursables au pair.

25. (*a*) Bourse de Commerce de Paris. Son organisation. Divers syndicats.
   (*b*) Écritures relatives à l'amortissement des obligations.

26. (*a*) Bourse de Commerce de Paris. Analyse sommaire des règlements des marchés. Expertises.
   (*b*) Écritures relatives au paiement des intérêts des obligations.

27. (*a*) Bourse des valeurs. Qu'est-ce qu'une valeur mobilière ? Classement des valeurs mobilières dans le Bulletin officiel de la cote de Paris.
   (*b*) Écritures relatives à la liquidation d'une maison de commerce.

28. (*a*) Bourse des valeurs. Agents de change. Parquet.
   (*b*) Particularités comptables relatives aux sociétés coopératives.

29. (*a*) Bourse des valeurs. Coulissiers. Divers marchés de la coulisse. Remisiers.
   (*b*) Écritures relatives à la fusion de deux entreprises.

30. (*a*) Bourse des valeurs. Quantités négociables. Manières de passer les ordres au comptant, à terme.
   (*b*) Comptabilité industrielle. Généralités. Prix de revient. Sous-produits.

31. (*a*) Bourse des valeurs. Opérations au comptant. Délais de livraison fixés par la Chambre syndicale.

(*b*) Comptabilité industrielle. Écritures relatives à la matière première, aux approvisionnements.

32. (*a*) Bourse des valeurs. Opérations à terme. Liquidation.

(*b*) Comptabilité industrielle. Établissement des feuilles de paye. Salaire à l'heure et aux pièces. Écritures relatives à la main-d'œuvre.

33. (*a*) Bourse des valeurs. Opérations à prime. Réponse des primes.

(*b*) Comptabilité industrielle. Du compte « Fabrication ».

34. (*a*) Bourse des valeurs. Report. Déport. Cours de compensation.

(*b*) Comptabilité industrielle. Écritures relatives aux diverses catégories de frais.

35. (*a*) Bourse des valeurs. Impôts. Courtages.

(*b*) Comptabilité des Sociétés par actions : versements anticipés, versements en retard sur libération d'actions ; exécution des titres.

36. (*a*) Bourse des valeurs. Bordereaux d'achat et de vente. Compte de liquidation.

(*b*) Comptabilité des sociétés par actions ; amortissement du capital.

**37.** (*a*) Banque de France. Son privilège. Ses opérations.

(*b*) Comptabilité de banque : écritures relatives aux ordres de bourse au comptant et à terme.

**38.** (*a*) Crédit Foncier de France. Opérations. Lecture du bilan.

(*b*) Comptabilité des sociétés. Écritures relatives aux diverses taxes fiscales.

**39.** (*a*) Lecture du bilan d'une société d'assurances sur la vie.

(*b*) Comptabilité de banque. Écritures relatives aux opérations de dépôts et d'escompte.

**40.** (*a*) Lecture du bilan d'une compagnie de chemins de fer.

(*b*) Comptabilité de banque. Écritures relatives aux opérations d'avances sur marchandises, sur titres.

# MATHÉMATIQUES APPLIQUÉES AU COMMERCE

1. (a) Établir la formule des annuités de placement.
   (b) Loi de Bernoulli ou des grands nombres.

2. (a) Escompte composé. Valeur actuelle d'une somme $a$ payable dans $n$ années.
   (b) Rente viagère immédiate sur une seule tête. Calcul de la prime : 1° unique ; 2° trimestrielle.

3. (a) Une somme A doit être remboursée par $n$ versements égaux $a$, faits périodiquement d'année en année.
   Relation entre A, $a$, $n$ et le taux d'intérêt $r$.
   (b) Probabilité simple, composée. Exemples.

4. (a) Loi de l'amortissement progressif dans le remboursement des emprunts par annuités constantes.
   (b) Contrat d'assurances. Primes pures. Méthodes générales de calcul. Primes d'inventaire, commerciales.

**5.** (*a*) Comparer les valeurs des escomptes composé, rationnel et commercial.

(*b*) Calculer, avec une table de mortalité, la durée de la vie probable ou moyenne d'une personne d'âge donné.

**6.** (*a*) Expression de la valeur actuelle d'une rente immédiate $a$, perpétuelle, estimée au taux annuel $r/_1$, suivant que son terme est annuel, semestriel ou trimestriel.

(*b*) Emprunts hypothécaires du Crédit Foncier. Remboursement anticipé.

**7.** (*a*) Établir la formule commerciale de l'intérêt composé.

(*b*) Calculer, d'après une table de mortalité, la probabilité pour un groupe de deux personnes âgées respectivement de $x$ et $y$ années d'être encore vivantes toutes deux dans $n$ années. Autres cas et probabilités correspondantes.

**8.** (*a*) Calcul du temps dans l'intérêt composé.

(*b*) Valeur actuelle, estimée au taux $r$, d'une suite d'annuités en progression géométrique de raison $(1+i)$, dont la première $a$ est payable dans un an et la dernière dans $n$ années.

**9.** (*a*) Dans un emprunt remboursable par annuités constantes, calculer la valeur du premier amortissement.

(*b*) Calcul du taux dans la question des annuités de placement.

**10.** (*a*) Courbe de l'intérêt composé. Son usage pour

fixer le sens de l'erreur dans les calculs d'interpolation.

(b) Calcul du taux réel du placement fait en achetant du 3 % perpétuel au cours donné et à une date donnée.

**11.** (a) Prime de l'assurance vie entière sur un groupe de deux têtes et payable au premier décès.

(b) Calcul du taux dans le problème de l'intérêt composé.

**12.** (a) Valeur actuelle d'une suite d'annuités constantes.

(b) Obligations à coupon annuel perdant leur dernier coupon quand on les rembourse. Loi de l'amortissement.

**13.** (a) Valeur d'une rente temporaire à termes constants, estimée d'après le taux $r$.

(b) Assurance d'un capital différé pour une tête d'âge $x$.

**14.** (a) Échéance commune de deux dettes (par l'intérêt composé).

(b) Dans un emprunt remboursable par annuités égales, calculer le capital amorti au bout de $k$ années.

**15.** (a) Caisse d'amortissement. 3 % amortissable.

(b) Assurance vie entière pour un groupe de deux têtes et payable au dernier décès. Prime unique.

**16.** (a) Valeur d'une obligation à lots. Calculer la valeur attribuée aux lots dans le prix de l'obligation.

(b) Dans un emprunt remboursable par annuités constantes, calculer le capital restant dû au bout de $k$ années.

**17.** (a) Comparer les capitaux produits au bout d'un même temps par l'intérêt simple et l'intérêt composé.

(b) Transformation d'une prime unique d'assurance en primes annuelles.

**18.** (a) Échéance moyenne de 3 dettes à longues échéances par l'escompte composé.

(b) Rente viagère immédiate sur deux têtes payable jusqu'au dernier décès.

**19.** (a) Actions des compagnies de chemins de fer français. Dividende minimum, maximum. Garanties. Calcul de la valeur actuelle des actions.

(b) Espérance mathématique. Application à la loterie.

**20.** (a) Taux d'amortissement d'un emprunt.

(b) Opérations du Crédit Foncier de France. Prêts hypothécaires. Expression de l'annuité de remboursement, payable par moitié semestriellement.

**21.** (a) Émission d'un emprunt. Déterminer le nombre $x$ d'obligations à émettre au prix $y$ connaissant le capital E net et effectif que veut se procurer la société émettrice, le taux $i$ d'intérêt qu'elle offre aux souscripteurs, le nombre $n$ d'années de la durée de l'emprunt, la valeur de remboursement C et le taux nominal $r$.

(b) Taux de mortalité à un âge donné. Son utilité.

**22.** (a) Valeur moyenne d'une obligation d'un emprunt au moment de l'émission. Nue propriété. Usufruit.

(b) Tables de mortalité. Construction. Courbe de mortalité. Ajustement.

**23.** (a) Courbe des annuités. Son utilité.

(b) Rente viagère immédiate et constante. Prime unique.

**24.** (a) Conversion des rentes. Conversion de 1902.

(b) Rente viagère temporaire. Pension de retraite.

**25.** (a) Obligations remboursables avec prime. Loi d'amortissement.

(b) Assurance d'un capital différé pour un groupe de deux têtes.

**26.** (a) Formule des annuités de placement payables en fin d'année.

(b) Assurance en cas de décès sur une seule tête. Prime unique.

**27.** (a) Emprunt par obligations remboursable par annuités constantes. Calcul du nombre effectif d'obligations amorties chaque année.

(b) Obligations à coupon trimestriel. Calcul du coupon annuel équivalent.

**28.** (a) Influence des impôts sur les valeurs actuelles de la nue propriété et de l'usufruit d'une obligation.

(b) Calcul du taux du placement effectif lorsqu'on achète une obligation à l'émission.

## MATHÉMATIQUES APPLIQUÉES AU COMMERCE

**29.** (*a*) Paiements équivalents à des échéances différentes par l'intérêt composé.

(*b*) Assurance mixte.

**30.** (*a*) Sinking fund. Calcul de la réserve annuelle.

(*b*) Rente viagère immédiate sur deux têtes payable jusqu'au premier décès.

**31.** (*a*) Calcul du temps dans le problème des rentes temporaires.

(*b*) Obligations à coupons semestriels perdant leur dernier coupon quand on les rembourse. Loi de l'amortissement.

**32.** (*a*) Fonction $f(n, r)$. Signification. Propriétés simples.

(*b*) Échéance moyenne d'une suite d'annuités.

**33.** (*a*) Taux proportionnels, équivalents ; les comparer.

(*b*) Remboursement par la méthode des intérêts anticipés. Loi de l'amortissement.

**34.** (*a*) Valeur actuelle de l'action de jouissance d'une compagnie de chemins de fer français.

(*b*) Calculer, pour un emprunt de tableau d'amortissement donné, les probabilités de sortie ou de non-sortie d'une ou de deux obligations, à un tirage de rang donné.

**35.** (*a*) Calcul de l'annuité nécessaire pour la constitution d'un capital.

(*b*) Vie probable d'une obligation d'un emprunt.

# LANGUES ÉTRANGÈRES

*1<sup>re</sup> langue :* Anglais.

*2<sup>e</sup> langue :* Allemand ou Espagnol.

---

Pour l'examen des langues étrangères, le questionnaire est remplacé par une série d'indications établies à l'avance par l'examinateur, inscrites sur des papiers séparés et tirés au sort par les élèves.

L'examen comprend trois parties :

1° Traduction d'un texte français : exercice commercial, de correspondance, etc. ;

2° Traduction en français d'un passage choisi dans un ouvrage expliqué en classe ;

3° La conversation, qui portera plus spécialement sur les deux premières parties de l'examen.

L'examen aura lieu, autant que possible, dans la langue étrangère.

# GÉOGRAPHIE ÉCONOMIQUE DE L'EUROPE

1. (a) Le Massif Central. Croquis.
   (b) Les céréales en Europe : orge, blé, seigle, avoine, maïs, riz.
2. (a) Les Pyrénées. Croquis.
   (b) La vigne et le houblon, les légumes, les fruits et les fleurs en Europe.
3. (a) Le bassin d'Aquitaine. Croquis.
   (b) La betterave à sucre en Europe et ses industries.
4. (a) La région alpestre. Croquis.
   (b) La soie et les manufactures de soie en Europe.
5. (a) Le Jura et la vallée de la Saône. Croquis.
   (b) Le bois.
6. (a) Le couloir rhodanien. Croquis.
   (b) L'élevage et les pêcheries en Europe.
7. (a) Le Midi méditerranéen. Croquis.
   (b) Produits minéraux : la houille en Europe.
8. (a) La plaine du Nord de la France. Croquis.
   (b) Le fer en Europe.
9. (a) La région du Nord-Est de la France. Croquis.
   (b) Le plomb, le cuivre, le zinc, l'étain, l'aluminium, le mercure en Europe.

10. (a) Le bassin parisien. Croquis.
    (b) Le sel, le cuir, le papier, le verre, la porcelaine, la faïence en Europe.
11. (a) La vallée de la Loire. Croquis.
    (b) Principales industries chimiques de l'Europe.
12. (a) La Bretagne et la région des Bocages. Croquis.
    (b) La houille blanche et la houille verte en Europe.
13. (a) Normandie et Picardie. Croquis.
    (b) Le pétrole en Europe.
14. (a) La population en Europe : répartition, densité, mouvements.
    (b) Le Sud-Ouest de la France : Poitou, Aunis, Saintonge.
15. (a) Voies de communication en France : fleuves et canaux. Croquis.
    (b) Géographie économique des Iles Britanniques.
16. (a) Voies de communication en France : routes et chemins de fer. Croquis.
    (b) Géographie économique de la Belgique.
17. (a) Voies de communication en France : ports et marine marchande.
    (b) Géographie économique de la Hollande. Croquis.
18. (a) La France agricole : céréales, cultures fruitières et maraîchères, horticulture. Le problème de la main-d'œuvre. La motoculture.

(b) Géographie économique de l'Allemagne : l'agriculture.

19. (a) La France agricole : forêts, pêcheries et élevage. Croquis.
(b) Géographie économique de l'Allemagne : l'industrie.

20. (a) La France industrielle : minerais et métallurgie.
(b) Géographie économique de l'Allemagne : voies de communication et ports. Croquis.

21. (a) Les industries textiles en France.
(b) La Suisse économique. Croquis.

22. (a) Les grandes régions industrielles de la France.
(b) Géographie économique de l'Autriche. Croquis.

23. (a) La population française : répartition, densité, mouvements.
(b) La Hongrie économique. Croquis.

24. (a) L'Algérie économique. Croquis.
(b) La Baltique et la mer du Nord au point de vue commercial.

25. (a) La Tunisie économique. Croquis.
(b) La Russie économique.

26. (a) L'Afrique occidentale française. Croquis.
(b) Le Danemark économique et l'Islande.

27. (a) L'Afrique équatoriale française. Croquis.
(b) La Suède et la Norvège.

**28.** (a) Madagascar, les Comores, la Réunion et les autres colonies françaises de l'Océan indien.

(b) La Méditerranée : ports et grands courants commerciaux.

**29.** (a) Colonies françaises de l'Océan Pacifique : l'Indo-Chine. Croquis.

(b) L'Espagne et le Portugal économiques.

**30.** (a) Établissements français d'Océanie et colonies d'Amérique.

(b) L'Italie économique. Croquis.

**31.** (a) Commerce d'importation et d'exportation de la France avec les principaux États d'Europe.

(b) La péninsule balkanique : étude économique du Montenegro, de la Serbie, de la Bulgarie, de la Roumanie. Croquis.

**32.** (a) Relations commerciales de la France avec ses colonies d'Afrique.

(b) Péninsule balkanique : la Grèce et la Turquie économiques. Croquis.

**33.** (a) Relations commerciales de la France avec ses colonies d'Asie, d'Amérique et du Pacifique.

(b) L'Adriatique et la Mer Noire au point de vue commercial. Croquis.

**34.** (a) Les grandes voies ferrées transalpines. Croquis.

(b) Étude comparée des flottes commerciales européennes.

# TECHNOLOGIE

1. (a) Lait : composition, analyse, falsifications.
   (b) Procédés de conservation des matières alimentaires.

2. (a) Beurre : fabrication, analyse, falsifications.
   (b) Pelleteries : préparation, teinture, lustrage des fourrures.

3. (a) Mouture du blé, panification. Essais des farines.
   (b) Vins : vinification, maladies des vins.

4. (a) Huile d'olive : fabrication, essai, recherche des huiles étrangères.
   (b) Appareils frigorifiques, fabrication de la glace.

5. (a) Vins mousseux : fabrication. Essai des vins.
   (b) Camphre. Celluloïd : fabrication, façonnage.

6. (a) Sucre : propriétés générales. Saccharimétrie.
   (b) Imprimerie, lithographie, phototypie, impressions polychromes.

7. (a) Vinaigre : fabrication, falsifications, essai.
   (b) Corroierie : cuirs lissés et corroyés. Cuirs vernis.

8. (a) Fabrication des alcools d'industrie, fermentation, distillation, rectification.

   (b) Os : utilisation, tabletterie, suif d'os, engrais

9. (a) Fabrication des eaux-de-vie. Essai des alcools.

   (b) Tannerie. Cuirs forts. Molleterie.

10. (a) Brasserie : préparation du moût, fermentation, conservation.

    (b) Coton. Classification, coton mercerisé, soie artificielle.

11. (a) Confitures et sirops : fabrication, falsifications, essais.

    (b) Peaux : constitution, propriétés. Substances tannantes.

12. (a) Glucose : fabrication. Miel : préparation, essai du miel.

    (b) Fabrications de la colle de peau et de la colle d'os. Utilisation des sous-produits.

13. (a) Mégisserie. Maroquinerie.

    (b) Cafés et chicorée. Falsifications du café. Examen microscopique.

14. (a) Huile de lin : fabrication, propriétés, essai.

    (b) Soie : élevage du ver à soie, maladies, tirage, moulinage.

15. (a) Filature du coton. Examen microscopique.

    (b) Margarine : fabrication. Huiles animales. Suifs.

**16.** (*a*) Filature de la laine. Examen microscopique de la laine.

(*b*) Céréales : constitution des grains. Leur utilisation. Pâtes alimentaires.

**17.** (*a*) Métiers à tisser, principe du Jacquart, armures, draps.

(*b*) Cacao, chocolat, fabrications, essai.

**18.** (*a*) Vins : falsifications, essai des vins.

(*b*) Lin et chanvre : préparation. Principe de la filature.

**19.** (*a*) Fabrication de la pâte à papier, fabrication du papier et du carton, essai.

(*b*) Caoutchouc et gutta-percha : culture, emplois.

**20.** (*a*) Essence de térébenthine : fabrication, falsifications, essai.

(*b*) Blanchiment et teinture des tissus.

**21.** (*a*) Gommes. Résines. Vernis gras. Vernis à l'alcool.

(*b*) Thés, Poivres, Vanilles, falsifications, examen microscopique.

**22.** (*a*) Mordançage. Teinture. Apprêts des tissus.

(*b*) Huiles d'arachide, de coton, de sésame. Propriétés, recherche dans l'huile d'olive.

**23.** (*a*) Cire : fabrication, falsifications, essai de la cire. Encaustiques.

(*b*) Fromages : fabrication, conservation.

## TECHNOLOGIE

**24.** (*a*) Raffinerie. Essai des sucres.
(*b*) Parfumerie. Produits naturels et produits synthétiques.

**25.** (*a*) Fabrication du sucre de betterave.
(*b*) Préparation et emplois des peintures et enduits.

# OUTILLAGE COMMERCIAL ET INDUSTRIEL

1. (a) Notion de travail. Unités. Exemples.
   (b) Principe de la machine Gramme (génératrice et motrice).

2. (a) Travail d'un gaz qui soulève un piston. Représentation graphique. Indicateur de Watt. Puissance nominale.
   (b) Description d'une dynamo. Divers modes d'excitation. Fonctionnement.

3. (a) Définition de l'énergie cinétique. Volant, usage.
   (b) Foyer des machines à vapeur. Alimentation des chaudières. Ordre de grandeur de la chaleur dégagée par un kilog de charbon. Rendement moyen d'une machine à vapeur. Prix moyen du cheval-heure.

4. (a) Définition de l'équivalent mécanique de la chaleur. Principe de l'expérience de Joule. Exemples de transformation de l'énergie.
   (b) Sonnerie électrique.

5. (a) Définition de la puissance d'une machine. Unités. Frein de Prony. Définition du rendement. Exemples.

(b) Électrolyse. Accumulateurs.

6. (a) Principe de la machine à vapeur.
(b) Principe du télégraphe.

7. (a) Limite du rendement d'une machine à vapeur. Notions très élémentaires sur le principe de Carnot. Pourquoi n'atteint-on pas le rendement théorique?
(b) Principe du téléphone.

8. (a) Chaudières à bouilleurs. Appareils de sûreté des chaudières.
(b) Loi de Joule. Éclairage par incandescence.

9. (a) Chaudière à tubes d'eau. Comparaison avec les autres chaudières.
(b) Divers modes d'éclairage électrique. Montage des lampes et des dynamos.

10. (a) Chaudières à tubes de fumée. Comparaison avec les autres chaudières.
(b) Notion sur le transport de l'énergie électrique. Utilité des hautes tensions. Avantages du courant alternatif. Transformateurs.

11. (a) Transformation du mouvement rectiligne alternatif en mouvement circulaire continu dans les machines à vapeur. Excentrique. Usages.
(b) Comparaison des courants continus, monophasés et triphasés au point de vue des applications et du transport de l'énergie électrique. Conséquence en ce qui concerne l'emploi des turbines.

**12.** (a) Distribution de la vapeur. Tiroir.
   (b) Énergie électrique. Unités. Mesure. Exemples. Ordre de grandeur du rendement d'un moteur électrique.

**13.** (a) Machines à vapeur à expansion multiple.
   (b) Grandeurs qui définissent les courants alternatifs simples et polyphasés. Principe des alternateurs.

**14.** (a) Principe des divers types de turbines. Comparaison avec les machines à vapeur.
   (b) Production d'un champ magnétique tournant à l'aide de courants polyphasés. Moteurs à courants alternatifs.

**15.** (a) Principe des moteurs à gaz pauvres. Gazogènes.
   (b) Piles. Définition pratique du volt. Couplage des piles.

**16.** (a) Principe des moteurs à essence. Carburateur. Cycle. Comparaison économique avec les moteurs à gaz pauvres.
   (b) Principe de la T. S. F.

**17.** (a) Principe d'un moteur Diesel. Comparaison avec les moteurs à explosion.
   (b) Électrolyse : Applications. Définition pratique de l'ampère.

**18.** (a) Description de la voiture automobile.
   (b) Accumulateurs.

**19.** (a) Condensateur des machines à vapeur. Utilité.

(b) Loi d'Ohm. Définition pratique de l'ohm. Rhéostat. Application de la loi d'Ohm aux circuits fermés.

20. (a) Champ magnétique produit par les courants. Expériences montrant l'existence des phénomènes d'induction électrique.

(b) Usage et comparaison des voltmètres et des ampèremètres.

# LÉGISLATION COMMERCIALE ET MARITIME PROCÉDURE PRATIQUE

1. (a) Jugement déclaratif de faillite. Tribunal compétent. Pluralités de faillites.
   (b) Les règles d'York, d'Anvers et de Liverpool.
2. (a) Concordat simple : formation, effets.
   (b) Nationalité des navires.
3. (a) Fin du concordat simple. Concordat amiable.
   (b) De la propriété et de la co-propriété des navires.
4. (a) Les créanciers privilégiés et hypothécaires dans la faillite.
   (b) De la responsabilité des propriétaires de navires.
5. (a) Banqueroute simple et banqueroute frauduleuse.
   (b) Acquisition des navires. Mutation en douane.
6. (a) Déclaration de faillites. Date de la cessation de paiements. Publicité et voies de recours du jugement déclaratif.
   (b) Distinction de la navigation maritime et de la navigation fluviale.
7. (a) Du dessaisissement du failli.
   (b) Des privilèges sur les navires. De l'abandon du navire et du frêt.

8. (a) Revendications de la femme du failli.
   (b) De l'hypothèque maritime.
9. (a) Privilège du bailleur dans la faillite.
   (b) Le capitaine.
10. (a) Faillite: cessation du cours des intérêts. Incapacité du failli.
    (b) Affrètement: définition. Obligations du fréteur.
11. (a) Faillite: nullités de droit.
    (b) Les avaries: définition. Diverses espèces.
12. (a) Faillite: quotité des droits de chaque créanciers: historique.
    (b) Caractère des avaries communes.
13. (a) De l'union des créanciers.
    (b) Assurances maritimes: définition, objet.
14. (a) Concordat par abandon d'actif. Clôture pour insuffisance d'actif. Voies de recours contre le jugement déclaratif.
    (b) Obligations de l'assureur et de l'assuré. Délaissement.
15. (a) Faillite: nullités facultatives.
    (b) Les gens de mer.
16. (a) Personnel de la faillite: tribunal, juge, commissaire.
    (b) Connaissement.
17. (a) Faillite: nullité des inscriptions de privilèges ou d'hypothèques.

(b) Principales avaries communes. Règlement d'avaries.
18. (a) Personnel de la faillite : syndics ; créanciers ; failli.
(b) Abordage.
19. (a) Faillite : mesures conservatoires.
(b) Prêt à la grosse.
20. (a) Faillite : vérification des créances.
(b) Règles applicables aux transports fluviaux.
21. (a) Quotité des droits de chaque créancier dans la faillite d'après le code de commerce.
(b) Procédure commerciale.
22. (a) Prélèvements à faire sur la masse.
(b) Compétence des tribunaux de commerce.
23. (a) Faillite : condition : qualité de commerçant.
(b) Liquidation judiciaire.
24. (a) Faillite : condition : cessation de paiements.
(b) Déchéance du terme.
25. (a) Réhabilitation du failli.
(b) Hypothèque légale de la masse.
26. (a) Interdiction de nouvelles inscriptions de privilèges ou d'hypothèques.
(b) Cessation des poursuites individuelles.

# LÉGISLATION INDUSTRIELLE ET OUVRIÈRE

1. (a) Certificat d'addition. Droit de préférence accordé au breveté. Inventions connexes.
   (b) Historique de la législation ouvrière. Conventions et traités. Œuvres d'assistance contre le chômage et la maladie.

2. (a) Transmission et cession des brevets. Licences, publicité des brevets.
   (b) Union des syndicats. Bourses du travail. Caractère de l'autorisation accordée aux établissements dangereux, incommodes ou insalubres. Retraite : vieillesse.

3. (a) Privilège résultant des brevets d'invention. Mesures conservatoires. Action correctionnelle. Action civile.
   (b) Du délit d'accaparement. Mesures pour assurer la loyauté des transactions.

4. (a) Déchéance du brevet. Nullité du brevet. Causes, effets.
   (b) Contrat d'apprentissage. Conseil de Prud'hommes.

5. (a) Dessins et modèles industriels. Loi du 14 juillet 1909. Effets du dépôt. Sanctions.
   (b) Effets juridiques de la grève. Principales causes des grèves.

6. (a) Marques de fabrique ou de commerce. Définition. Caractères de la marque. Fausses indications de provenances.

   (b) Droit d'association professionnelle. Historique. Condition de formation des syndicats. Formalités, membres ; objet.

7. (a) Caractère facultatif de la marque. Marque obligatoire. A quels produits s'applique la marque. Dépôt de la marque : formalités.

   (b) Repos hebdomadaire : loi de 1906. Inspection du travail.

8. (a) Effets du dépôt d'une marque. Effets de la marque non déposée. Sanctions en cas d'atteinte au droit du propriétaire de la marque.

   (b) Contrat de louages de services. Obligations du patron. Retenues. Saisies-arrêt. Privilège des gens de service, ouvriers et commis.

9. (a) Enregistrement international des marques. Formalités. Transmission de la marque.

   (b) Principe de la liberté du travail. Droit de coalition. Délit d'atteinte à la liberté du travail.

10. (a) Nom commercial ; définition. Nom de lieu de fabrications. Transmission du nom commercial.

    (b) Personnalité civile des syndicats. Effets. Dissolution des syndicats.

11. (*a*) Concurrence déloyale. Définition. Faits destinés à produire une confusion entre établissements similaires.

(*b*) Protection des femmes et des enfants. Travail de nuit. Travaux de mines. Travaux dangereux.

12. (*a*) Concurrence déloyale. Faits ayant pour but de produire une confusion entre deux établissements différents. Faits ayant pour objet de détourner la clientèle. Concurrence illicite. Sanctions. Compétence.

(*b*) Contrat de louage de service. Obligations de l'ouvrier. Secret de fabrique. Extinction du contrat de louage de services. Résolution.

13. (*a*) Définition de la propriété industrielle. La Convention d'Union de 1883. Historique. États unionistes. Bureau international de Berne. Conférences périodiques.

(*b*) Ministère du travail. Office du travail. Corps et conseils consultatifs.

14. (*a*) Arrangements particuliers de Madrid. Objet de la Convention de Paris. Bénéficiaires. Protection résultant de la Convention.

(*b*) Établissements dangereux, incommodes ou insalubres. Définition, réglementation.

15. (*a*) Brevets d'invention, historique. Critiques contre les brevets. Réfutation. Mouvement législatif.

(b) Protection des femmes et des enfants. Durée de la journée de travail.

16. (a) Demande de brevet. Délivrance. Sursis. Durée des brevets.

(b) Salaire des femmes mariées. Contrat de louage d'ouvrage.

17. (a) Nouveauté de l'invention. Divulgation. Droit de priorité de la Convention d'Union de 1883.

(b) Conciliation et arbitrage facultatifs en matière de différends collectifs entre patrons et ouvriers et employés.

18. (a) Brevetabilité. Produits. Moyens. Application nouvelle de moyens connus. Caractère industriel de l'invention.

(b) Mesures restrictives prises dans un but d'hygiène et de sécurité. Délégués mineurs.

19. (a) Caractère illicite ou immoral de l'invention. Insuffisance de la description. Solidarité des brevets.

(b) Louage de services. Définition. Bureaux de placement. Formation et preuve du contrat de louage de services.

20. (a) Dessins et modèles industriels. Définition. Historique. Nouveauté. Loi du 14 juillet 1909. Dépôts des dessins et modèles: formalités.

(b) Accidents du travail. Historique. Loi de 1898.

21. (a) Protection provisoire de la propriété industrielle dans les expositions. Récompenses industrielles.

(b) Marchandage.

# LÉGISLATION BUDGÉTAIRE ET DOUANIÈRE

1. (a) Définition du Budget. Son utilité. Budget de l'État, des Départements, des Communes.
   (b) Tarif général et tarifs conventionnels.

2. (a) Préparation du budget. Initiative du Parlement. Ses inconvénients. Comparaison avec l'Angleterre.
   (b) Le régime de l'entrepôt; entrepôt réel et entrepôt fictif.

3. (a) Exercice et gestion.
   (b) L'admission temporaire. Le Drawback.

4. (a) Pouvoirs des deux Chambres en matière financière.
   (b) Les tarifs de douane. Leur double caractère. Influence de la politique douanière sur la situation économique des divers pays.

5. (a) Examen du budget dans chaque Chambre. Commission du budget et Commission des Finances. Vote par chapitres. Virements.
   (b) Énumération et définition des principales mesures douanières. La question des ports francs.

6. (a) Contributions directes. Principaux fonctionnaires chargés de leur recouvrement.

   (b) Droits spécifiques. Droits ad valorem. Faculté de préemption.

7. (a) Contributions indirectes. Fonctionnaires chargés de leur recouvrement.

   (b) Administration des douanes. Organisation. Service sédentaire et service actif.

8. (a) Droits d'Enregistrement. Administration de l'Enregistrement. Rôle des receveurs.

   (b) Histoire du régime des alcools. Surveillance de la régie.

9. (a) Impôt sur les bénéfices des professions non commerciales.

   (b) Statistiques commerciales. Leur utilité.

10. (a) Paiement des dépenses. Engagement. Ordonnancement.

    (b) Régime douanier des colonies.

11. (a) La cour des Comptes. Organisation. Attributions.

    (b) Impôt sur les revenus, sur le capital.

12. (a) Domaine de l'État. Domaine privé. Domaine public. La règle de l'inaliénabilité du domaine. Son histoire.

    (b) Le problème de l'alcoolisme.

13. (a) Les Postes, Télégraphes et Téléphones. Organisation. Histoire.

(b) Les boissons hygiéniques. Réforme de 1900.
14. (a) Les Chemins de fer de l'État.
(b) Les primes à la marine marchande.
15. (a) Définition de l'Impôt. A quel titre est-il dû ?
(b) Domaine privé de l'État. Immeubles affectés aux services publics. Forêts.
16. (a) Impôt proportionnel et impôt progressif.
(b) Clause de la nation la plus favorisée.
17. (a) Histoire des impôts en France.
(b) Contrôle des ordonnateurs. Rapport annuel.
18. (a) L'impôt sur le revenu global et l'impôt sur les différents revenus.
(b) Impôt sur les traitements. Salaires. Pensions.
19. (a) Impôt sur les bénéfices de l'exploitation agricole.
(b) Contrôle des comptables.
20. (a) Contribution foncière sur les propriétés bâties.
(b) Déclaration. Exercice. Titres de mouvement.
21. (a) Les Octrois.
(b) Accroissement des dépenses publiques. Comparaison avec les autres pays. Problèmes financiers d'après-guerre.
22. (a) Impôt sur les bénéfices commerciaux et industriels.
(b) Incompatibilité entre les fonctions d'ordonnateur et les fonctions de comptable.
23. (a) Impôts directs et impôts indirects.

(b) Droits de timbre et droits d'enregistrement.

24. (a) Privilège des bouilleurs de crû.
    (b) Régimes spéciaux en matière de douane. Zones franches. Régions frontières. Iles du littoral. La Corse. L'Algérie.

25. (a) Convention de Bruxelles de 1902 sur les sucres. Régime antérieur.
    (b) Impôt foncier sur les propriétés non bâties.

26. (a) L'impôt général sur le revenu.
    (b) Les monopoles de l'État. Question du monopole de l'alcool.

27. (a) Dette flottante. Bons du trésor. Bons de la Défense nationale. Obligations de la Défense nationale.
    (b) Impôt sur les bénéfices commerciaux et industriels.

28. (a) Emprunts forcés. Emprunts patriotiques. Emprunts volontaires.
    (b) Budget du Département et Budget des Communes.

29. (a) Les impôts indirects établis depuis la guerre.
    (b) Réduction et décharge en matière d'impôts.

30. (a) Emprunts perpétuels et emprunts amortissables. Taux de l'intérêt des emprunts publics.
    (b) L'Impôt sur le revenu en Prusse et en Angleterre.

# ÉCONOMIE POLITIQUE

1. (a) Qu'est-ce que l'Économie politique ? Historique sommaire de la science économique.
   (b) Le crédit agricole et les banques rurales.

2. (a) De la méthode en Économie politique. Des sciences auxiliaires de l'Économie politique. De la statistique.
   (b) Organisation, privilège, rôle économique de la Banque de France.

3. (a) Des Écoles économiques au point de vue de leurs doctrines.
   (b) De la prévoyance : institutions destinées à la favoriser.

4. (a) Qu'entend-on par richesse en Économie politique ? Analyse élémentaire de la notion de valeur.
   (b) Comment établir un traité de commerce ?

5. (a) Des facteurs de la production. Qu'est-ce que le travail ? Son rôle dans la production.
   (b) De la prodigalité et du luxe au point de vue économique.

6. (*a*) La liberté du travail. Aperçu historique. Avantages économiques.
   (*b*) La balance du commerce.
7. (*a*) La division du travail. Ses avantages, ses inconvénients, son développement.
   (*b*) Pourquoi les métaux précieux sont-ils partout employés comme monnaie ?
8. (*a*) Du rôle de la nature dans la production.
   (*b*) La loi de Gresham.
9. (*a*) Le capital. Sa formation. Son rôle dans la production.
   (*b*) Le paupérisme. Causes et remèdes. Assurances. Assistance.
10. (*a*) Des diverses espèces de capitaux.
    (*b*) La loi des débouchés.
11. (*a*) Classification des industries. Grande et petite industrie.
    (*b*) L'émission des billets de banque. Encaisse et portefeuille. Réglementations diverses.
12. (*a*) Les machines. Développement de leur emploi. Avantages et inconvénients.
    (*b*) La coopération.
13. (*a*) Comment se règle la production ? Du régime de libre concurrence.
    (*b*) Consommations productives ou improductives. L'absentéisme.
14. (*a*) Des crises commerciales. Les causes, les re-

mèdes. Théories émises à ce sujet. La loi des débouchés.

(b) Mécanisme des virements. Les chèques. Les chambres de compensation.

15. (a) La répartition. La propriété individuelle. Ses avantages économiques. Sa légitimité.

(b) Circonstances qui influent sur la productivité du travail.

16. (a) La rente du sol. Théorie de Ricardo.

(b) La circulation fiduciaire.

17. (a) De la valeur et des prix.

(b) Différents modes d'exploitation du sol : faire-valoir, fermage, métayage.

18. (a) De l'intérêt. De la baisse de l'intérêt. Ses causes, ses effets. Réglementation de l'intérêt.

(b) Culture intensive ou extensive. Grande, moyenne, petite culture.

19. (a) De l'entrepreneur et de sa part dans la répartition : le profit.

(b) Du crédit sur gages : prêts sur titres, warrants, monts-de-piété.

20. (a) La part de l'ouvrier dans la répartition. Le salaire. Ses caractères. Ses diverses modalités.

(b) Comment se forme, se conserve, s'augmente le capital ?

21. (a) La population dans ses rapports avec la pro-

duction et la répartition des richesses. Théorie de Malthus.

(b) Évolution historique du droit de propriété.

22. (a) Mécanisme de l'échange. La monnaie. Conditions que doit remplir une bonne monnaie. Les principales monnaies.

(b) La terre et la loi du rendement non proportionnel.

23. (a) Qu'entend-on par système monétaire ? Monométallisme et bimétallisme.

(b) Influence du milieu sur la production.

24. (a) L'union monétaire latine.

(b) Du crédit immobilier. Le Crédit foncier de France.

25. (a) Le crédit. Son utilité. La circulation fiduciaire. Les banques.

(b) De la productivité des diverses industries.

26. (a) Du billet de banque. Cours légal, cours forcé.

(b) De la participation aux bénéfices.

27. (a) Le change. Valeur de ses indications sur la situation commerciale.

(b) Salaire nominal et salaire réel. Variations des salaires dans ces dernières années.

28. (a) Commerce extérieur. Libre échange et protection. Exposé très sommaire des deux systèmes et des arguments qui militent en faveur de chacun d'eux.

(b) Systèmes socialistes : le collectivisme.

29. (a) La colonisation. Différentes espèces de colonies. Avantages commerciaux de la colonisation.
(b) Principales opérations des banques.

30. (a) Du rôle économique de l'État. Son intervention dans la production.
(b) Lois économiques des salaires.

# TRANSPORTS COMMERCIAUX

1. (a) Notions sur le tracé des voies : rails, traverses, aiguillages ; rampes et courbes.
   (b) Distinctions des différents genres de navigation maritime.
2. (a) Signaux des voies et des trains. Enclenchements, block-system.
   (b) Jauge des navires. Tonneau de jauge. Tonneau d'affrètement. Port en lourd. Vitesse en nœuds.
3. (a) Matériel roulant des chemins de fer : locomotives, voitures, wagons.
   (b) Mode de traction des bateaux fluviaux : halage, remorquage, touage.
4. (a) Organisation des gares. Voies principales et accessoires. Gares de triage. Quais et halles à marchandises.
   (b) Description sommaire du navire. Nomenclature de ses parties essentielles.
5. (a) Conventions qui régissent les chemins de fer français.
   (b) Navires à vapeur ; moteurs à cylindres et turbines.
6. (a) Contrôle de l'État sur les compagnies de chemins de fer.
   (b) Modes d'action de l'hélice. Influence de l'augmentation de vitesse sur les dimensions et la puissance en chevaux d'un navire.

7. (*a*) Organisation des services d'une compagnie de chemins de fer.

(*b*) Longueur et trafic des réseaux français.

8. (*a*) Valeur d'un transport. Péage et prix de transport. Limites du prix d'un transport. Prix de la tonne en sus. Établissement du prix d'un transport dans le cas d'un service à monopole ou d'un service concurrencé.

(*b*) Description sommaire d'un port. Exemples de ports en France et à l'étranger.

9. (*a*) Dépenses de premier établissement pour la construction des lignes. Dépenses et recettes d'exploitation des chemins de fer par kilomètre de ligne et par kilomètre de train. Coefficient d'exploitation.

(*b*) Organisation et régime de la navigation intérieure.

10. (*a*) Définition des tarifs de chemins de fer, caractères essentiels ; procédure suivie pour leur établissement ; homologation.

(*b*) Voiliers. Voilure en action du vent sur les voiles. Utilisation des grands voiliers modernes.

11. (*a*) Tarifs proportionnels et tarifs différentiels. Barêmes à paliers et barêmes belges.

(*b*) Mode d'action du gouvernail. Rivières et canaux. Écluses et ascenseurs hydrauliques. Bateaux fluviaux usités en France et à l'étranger.

12. (*a*) Tarifs de transit, d'exportation, d'importation ; conditions particulières. Convention de Berne.

(b) Bassins à flot. Bassins de mi-marée. Bassins en eau profonde.

13. (a) Distinction des tarifs généraux et spéciaux. Distances d'application. Prix fermes.

(b) Installations de radoub. Bassins de carénage, grils à marée, cales de halage, docks flottants, formes sèches.

14. (a) Dispositions générales pour la perception des taxes : distances, fractions de poids, calcul des taxes, minimum de perception, conditionnement des marchandises.

(b) Distinction des jauges d'un navire, brute totale, brute et nette. Lois qui régissent les primes à la marine marchande, primes à la construction, primes à la navigation, compensation d'armement.

15. (a) Clause des stations intermédiaires. Soudure des tarifs. Marchandises exceptionnelles et matières dangereuses.

(b) Comparaison des paquebots, des cargo-boats et des voiliers au point de vue de leur utilisation commerciale.

16. (a) Prix et conditions d'application pour le transport des voyageurs, des bagages et des chiens. Tarifs communs G. V.

(b) Du frêt. Circonstances qui influent sur le cours des frêts.

17. (a) Expéditions en grande vitesse des articles de

messagerie et des denrées. Expéditions en petite vitesse de colis pesant isolément 40 Kgs et au-dessous et de colis pesant ensemble plus de 40 Kgs. Groupage, finances, valeurs et objets d'art.

(b) Charte-partie. Connaissements. Staries et surestaries. Manifestes d'entrée et de sortie. Rapports avec la douane.

18. (a) Frais accessoires en grande vitesse et en petite vitesse. Enregistrement, manutention, transmission, pesage, magasinage. Dépôts des bagages.

(b) Société de registre; bureau Veritas, Lloyd. Courtiers maritimes et courtiers d'assurances.

19. (a) Déclaration d'expédition. Déboursés. Remboursements, lettre de voiture, récépissé, comptage des colis.

(b) Droits perçus dans les ports par l'État et par les Chambres de commerce.

20. (a) Délais de transport et de transmission, délais de livraison et d'enlèvement. Ouverture des gares. Avis de livraison, marchandises en souffrance.

(b) Canaux maritimes : Suez, Kiel, Panama.

21. (a) Chargement, déchargement et stationnement des wagons dont la manutention est faite par les particuliers. Désinfection des wagons.

(b) Administration des ports en France et à l'étranger.

22. (a) Répartition des marchandises en classes et en séries. Classification générale. Assimilation,

définition, spécification. Classement uniforme des tarifs spéciaux, petite vitesse.

(b) Avantages réservés à la marine marchande française : cabotage, inscription maritime. Caisse des Invalides de la Marine et services maritimes postaux.

23. (a) Factage, camionnage, bureaux de ville, embranchements particuliers.

(b) Charges terminales dans les ports : pilotage, remorquage, courtage, chargement et déchargement des marchandises.

24. (a) Dépenses et recettes résultant pour l'État de l'exploitation des chemins de fer.

(b) Concurrence des lignes de navigation françaises et étrangères dans les ports français. Part des pavillons dans le trafic maritime.

25. (a) Colis postaux. Service des postes : lettres, papiers d'affaires, échantillons, objets recommandés et chargés, mandats, groups, etc...

(b) Outillage des ports de commerce, entrepôts et magasins, gares maritimes. Ports francs et zones franches.

*Nota.* — Autant que possible, chaque élève sera, en outre, interrogé sur un exemple d'application des Livrets Chaix.

# QUESTIONNAIRES

POUR LES

## EXAMENS DE PASSAGE

4ᵉ ANNÉE

# COMMERCE ET DOCUMENTS COMMERCIAUX
# COMPTABILITÉ ET TENUE DES LIVRES

---

**1.** (*a*) Du commerce en général. Commerce de gros et de demi-gros, commerce de détail. Commerce extérieur, commerce intérieur. Importation, exportation, transit.

(*b*) Journal, écritures relatives au tirage d'une traite et à sa négociation.

**2.** (*a*) Généralités sur les entreprises. Fonds de roulement.

(*b*) Journal, écritures relatives à un achat de marchandises avec escompte réglé par une acceptation. Paiement de la traite à l'échéance.

**3.** (*a*) Intermédiaires de commerce. Du courtier et du commissionnaire en marchandises.

(*b*) Journal. Écritures relatives à une vente à terme avec escompte. Règlement de la vente par un billet à ordre reçu de l'acheteur. Encaissement du billet à l'échéance.

**4.** (*a*) De la monnaie. Du billet de banque. Du papier-monnaie.

(b) Journal, achat réglé par un chèque. Écritures chez l'acheteur et le vendeur.

5. (a) Du chèque. Définition. Prescriptions légales. Chèque barré.

(b) Livre des achats. Écritures au Journal général, découlant de ce livre auxiliaire. Marchandises rendues au fournisseur. Écritures à passer.

6. (a) Billet à ordre. Définition. Endossement. Timbre.

(b) Journal, écritures relatives à un effet impayé et renouvelé avec agio.

7. (a) Lettre de change. Définition. Forme.

(b) Des comptes collectifs et de leur utilité.

8. (a) Lettre de change. Acceptation. Provision. Calcul de l'échéance dans les différents cas.

(b) Journal. Écritures relatives à l'entrée et à la sortie des effets, par remise, tirage, escompte, négociation et encaissement.

9. (a) Lettre de change. Pluralité d'exemplaires. Son utilité.

(b) Balance des comptes. Description et usage. Renseignements et contrôles qu'elle fournit.

10. (a) Lettre de change. Aval. Besoin. Sans frais. Sans compte de retour.

(b) Définition et buts de la comptabilité. Tenue des livres. Comptable. Teneur de livres. Le compte. Disposition matérielle.

**11.** (*a*) Lettre de change. Copie. Duplicata. Traites de complaisance. Tirage en l'air.

(*b*) Diverses sortes de comptes. Subdivision des comptes.

**12.** (*a*) Protêt faute d'acceptation, faute de paiement. De la solidarité. Clause « à forfait ».

(*b*) Des livres de comptabilité : 1° au point de vue légal ; 2° au point de vue pratique.

**13.** (*a*) Lettre de change. Timbre. Position du timbre dans les différents cas. Traite documentaire.

(*b*) Compte-courant. Définition. Méthode directe, taux réciproques.

**14.** (*a*) Comparaison du chèque, du billet à ordre et de la lettre de change.

(*b*) Compte-courant par la méthode indirecte, taux réciproques.

**15.** (*a*) De la vente commerciale. Prix. Bon de commission : utilité pour le vendeur et l'acheteur.

(*b*) Compte-courant, méthode hambourgeoise, taux réciproques.

**16.** (*a*) Facture. Facture de place, facture d'expédition.

(*b*) Ramener un compte-courant calculé par la méthode directe à une date antérieure à celle primitivement fixée en se servant des calculs déjà effectués.

**17.** (*a*) Calcul d'une facture à Londres. Mesures de longueur. Poids.

(*b*) Comptes-courants à taux non réciproques.

**18.** (*a*) Compte d'achat. Escompte. Remise.

(*b*) Comptes-courants à taux variables, méthode hambourgeoise.

**19.** (*a*) Rabais. Réfaction. Don. Surdon. Tolérance. Acquit. Reçu : simple, motivé, en plusieurs exemplaires. Quittance.

(*b*) Journal synthétique. Forme des articles qu'il contient.

**20.** (*a*) Calcul des frets en monnaie anglaise.

(*b*) Classement des opérations par comptes. Grand Livre. Description et usage.

**21.** (*a*) Envoi d'espèces par pli chargé; par chemin de fer.

(*b*) Compte. Jeu des comptes entre eux.

**22.** (*a*) Mandats-poste ordinaires. Mandats-cartes. Taxes. Montant. Délai d'encaissement. Péremption et prescription.

(*b*) Comptabilité à partie simple. Ses inconvénients. Manière d'enregistrer les opérations.

**23.** (*a*) Mandats télégraphiques; bons de poste, taxes, montant, délais d'encaissement, péremption et prescription.

(*b*) Principe de la comptabilité à partie double. Avantages de cette méthode.

**24.** (*a*) Bordereaux d'escompte : définition. Valeur nominale et valeur actuelle d'un effet. Escompte commercial et escompte rationnel. Inscription des effets sur le bordereau.

(b) Journal. Écritures d'un achat à terme, avec escompte, réglé partie par des effets de votre portefeuille, le solde par une acceptation. Mêmes écritures chez le vendeur.

25. (a) Bordereau d'escompte : agio, change de place commission. Minimum de change, de jours, d'intérêt.

(b) Journal. Écriture d'une vente à terme avec escompte ; l'acheteur règle partie par une remise, le solde par un mandat-poste. Écritures chez l'acheteur et le vendeur.

26. (a) Bordereaux de la Banque de France : effets à l'escompte sur les succursales.

(b) Journal. Redressement d'articles erronés.

27. (a) Taux hors banque. Aval de négociation.

(b) Comptes-courants en deux monnaies.

28. (a) Magasins généraux. Utilité, fonctionnement, tarifs, récépissé à ordre. Le déposant vend sa marchandise sans avoir emprunté. Timbre du récépissé.

(b) Étude et classification rationnelle des comptes.

29. (a) Warrant à ordre. Réescompte du warrant. Protêt.

(b) Étude particulière des comptes de stocks.

30. (a) Douanes. Définition. But. Différentes sortes de droits. Régime actuel de la France. Origine. Provenance.

(b) Écritures d'inventaire. Dépréciations.

**31.** (a) Primes à l'exportation. Drawback. Admission temporaire. Paiement des droits : crédit à quatre mois.

(b) Écritures d'inventaire. Amortissement. Créances douteuses.

**32.** (a) Crédit d'enlèvement à 3 jours. Documents : déclaration, permis d'embarquement et de débarquement, certificat d'origine.

(b) Balance d'inventaire. Bilan.

**33.** (a) Facture d'avoir. Relevé de factures. Facture consulaire.

(b) Écritures d'inventaire : frais payés d'avance, frais à payer, commissions dues.

**34.** (a) Professions spéciales au commerce des monnaies et valeurs.

(b) Journal. Grand-livre. Chiffrier.

**35.** (a) Professions spéciales à l'industrie des transports.

(b) Commissions et frais divers que l'on peut rencontrer dans les comptes-courants.

**36.** (a) Diverses espèces de ventes.

(b) Affaires en consignation.

**37.** (a) Règlements par compensation. Virement.

(b) Comparaison entre les trois méthodes des comptes-courants.

**38.** (a) Chambres de compensation. Clearing-houses.

(b) Particularités relatives aux sociétés en nom collectif et en commandite simple.

**39.** (a) Recouvrement des effets par la poste.
(b) Livres auxiliaires. Utilité.

**40.** (a) Système monétaire français. Convention monétaire latine.
(b) Inventaire. Comment doit-on évaluer le stock de marchandises ?

# MATHÉMATIQUES APPLIQUÉES AU COMMERCE

1. (*a*) Escompte commercial. Formule et applications numériques.

   (*b*) Prix d'une lettre de change sur la Hollande de 600 florins à 54 jours. Paris cote Amsterdam : P. L. 207 1/4 à 207 3/4, 5 %.

2. (*a*) Progression arithmétique. Somme des termes.

   (*b*) Rentes françaises perpétuelle et amortissable. Privilèges de ces valeurs. Bordereau d'un achat ou d'une vente au comptant.

3. (*a*) Report en liquidation. Expliquer le mécanisme de l'opération dans le cas d'un haussier.

   (*b*) Résolution d'une équation exponentielle simple.

4. (*a*) Marché à prime. Que signifie l'expression : achat de 3 000 fr. de rente 3 % au cours de 98,60 dont 50 ? Que fera l'acheteur à la réponse des primes ? Graphique.

   (*b*) Nivellement de la cote du change. Utilité de ce calcul. Exemples.

## MATHÉMATIQUES APPLIQUÉES AU COMMERCE

5. (*a*) Achat à terme ferme. Courtages. Droit de timbre. Liquidation. Compte de liquidation.

   (*b*) Différence des deux escomptes commercial et rationnel.

6. (*a*) Valeur à différentes dates d'un capital placé à intérêt composé. Valeur anticipée, différée.

   (*b*) Valeurs mobilières : 1° au porteur ; 2° nominatives.
   Différences qu'elles présentent dans les négociations et dans le montant des coupons.

7. (*a*) Règles du calcul des exposants positifs. Définir les puissances d'exposant : 1° fractionnaire ; 2° négatif.

   (*b*) Échéance moyenne de plusieurs effets par l'intérêt simple. Formule et application numérique.

8. (*a*) Marché à prime. Cas du vendeur. Écart, ses variations. Graphique du vendeur.

   (*b*) Multiplication abrégée. Règle d'Oughtred.

9. (*a*) Calcul du temps dans le problème de l'intérêt composé.

   (*b*) Report en liquidation. Cas du vendeur. Déport, ses causes.

10. (*a*) Établir la formule commerciale de l'intérêt composé.

    (*b*) Intérêt simple par les parties aliquotes du taux et du temps.

11. (*a*) Calcul du capital définitif dans le problème

de l'intérêt composé. Interpolation pour une durée ne figurant pas dans la table de $(1+r)^n$.

(b) Résolution d'un système de deux équations du 1<sup>er</sup> degré à deux inconnues.

12. (a) Usages des différentes places. Cote de Paris. Certain. Incertain. Paiement par une remise.

(b) Formules calculables par logarithmes. Applications.

13. (a) Quelle est la valeur nominale d'une lettre sur Vienne à 40 jours pour laquelle on a payé à Paris la somme de 875 fr. ? La cote du jour portait 5 % Vienne P. C. 104 1/16 à 104 5/16, P. L. 104 à 104 1/4.

(b) Capitaliste reporteur. Son rôle. Variations du taux du report. Ses causes.

14. (a) Résolution d'une équation du 1<sup>er</sup> degré à une inconnue.

(b) Quelle est l'échéance commune de 3 billets (800 fr., 50 jours), (1 200 fr., 40 jours), (600 fr., 35 jours), remplacés par un billet de valeur nominale 2 610 francs? Escompte 6 %, intérêt simple.

15. (a) Combinaison d'un achat et d'une vente à terme. Différentes opérations résultantes. Graphique.

(b) Calculs rapides. Multiplication par 25, 125. Division par 25, 125, etc. Méthode des parties aliquotes.

## MATHÉMATIQUES APPLIQUÉES AU COMMERCE

**16.** (a) Règle conjointe. Position. Application à l'escompte.

(b) Valeur actuelle d'une somme payable dans $n$ années par la méthode de l'intérêt composé. Usage des tables de $(1+r)^{-n}$.

**17.** (a) Escompte rationnel. Formule. Applications.

(b) Un capitaliste achète au comptant 9 000 francs de 3 °/₀ à 98,50 et les revend à terme ferme à 99,10. Quel est son bénéfice, tous frais payés ?

**18.** (a) Formule de l'intérêt simple. Nombre. Diviseur.

(b) La cote de Paris porte : Amsterdam P. C. 206 3 1/2 °/₀. La cote d'Amsterdam porte : Paris 47,50 (2 m) et 3 °/₀. Dire où le florin coûte le plus cher ? Quelle doit être la cote de Paris pour qu'il y ait parité ?

**19.** (a) Échelle de primes. Résultante de plusieurs achats à primes. Graphique.

(b) Calculer la valeur nominale d'un billet échéant dans 63 jours, qui serait équivalent à un billet de 800 fr. dont l'échéance est à 90 jours. Taux d'escompte 6 °/₀ (esc. en dehors).

**20.** (a) Progression géométrique. Calcul de la somme.

(b) Comparaison des cours d'une même valeur au comptant et à terme à la même date. Déport du comptant.

**21.** (a) Combinaison d'un achat ferme de $n$ **coupures** et d'un achat à prime de $n$ **coupures**.

(b) Résoudre par la règle de chaîne ou conjointe le problème suivant : On achète à Paris une l. de ch. sur Amsterdam à 60 jours de montant 2 000 florins. La cote de Paris donne : 3 1/2 %, Amsterdam P. C. 205 3/4 à 206 1/4, P. L. 206 à 206 1/2.

22. (a) Combinaison dite « prime contre ferme ». Expression numérique du bénéfice. Graphique.

(b) Calcul d'intérêt simple par la méthode des banquiers (ou du 60).

23. (a) Logarithmes. Définition. Propriétés.

(b) Méthode employée à Londres pour le calcul d'intérêt simple (année de 365 jours). Cas du taux 5 %.

24. (a) Bases du change usitées dans la cote de Paris. Certain. Incertain. Traite. Remise.

(b) Calcul du temps au bout duquel un capital placé à intérêt composé acquiert une valeur définitive double, triple, etc.

25. (a) Opération dite « prime contre prime ». Expression numérique du bénéfice. Graphique.

(b) Logarithmes décimaux. Caractéristique. Mantisse d'un logarithme. Usage des tables.

26. (a) Combinaison de deux achats à terme ferme.

(b) Nivellement de la cote entre deux places se donnant réciproquement l'incertain.

27. (a) Quelle est l'opération résultant d'un achat

de $n$ coupures au cours A dont $2p$ et d'une vente de $2n$ coupures au cours V dont $p$ ?

(b) Comparaison des valeurs de monnaies d'or de pays différents. Valeur intrinsèque de la livre, du rouble.

28. (a) Progression géométrique décroissante. Limite de la somme de ses termes lorsqu'on la prolonge indéfiniment.

(b) Combien de rente 3 % perpétuelle acquerra-t-on au comptant avec la somme de 8 000 fr., tous frais et impôts payés ? Cours d'achat 58,50.

29. (a) Change indirect par le prix de revient. Exemple numérique.

(b) Valeur anticipée ou différée d'un effet par l'intérêt simple.

30. (a) Change direct. Arbitrage : traite ou remise. Exemple numérique.

(b) Principe de la représentation graphique de la situation d'un spéculateur à la liquidation. Cas du haussier et du baissier.

31. (a) Règle de chaîne pour le prix d'une lettre de change sur une place donnant : 1° le certain ; 2° l'incertain.

(b) Rôle du détenteur de titres dans le report en liquidation d'un baissier.

32. (a) Escompte composé. Le comparer à l'escompte commercial. Son utilité.

(b) Combinaison de deux ventes à terme ferme.

## 70 MATHÉMATIQUES APPLIQUÉES AU COMMERCE

**33.** (a) Taux équivalents. Calcul des taux semestriel et trimestriel équivalents à un taux annuel donné.

(b) On veut de Londres adresser à Paris une lettre de change de 5 000 fr. payable à 60 jours. Londres donne le certain à Paris et le bulletin des changes de Londres cote Paris, à vue, 25, 18. Le taux d'escompte de Paris étant 3 %, calculer en L. sh. d. ce que débourse le débiteur de Londres.

**34.** (a) Comparaison des capitaux définitifs produits par l'intérêt composé et l'intérêt simple.

(b) Quelle est la dépense totale causée par l'achat en Bourse de 10 actions *nominatives* de la Banque de France, au cours de 4 750 fr.? A quel taux a-t-on placé son argent si le dividende net annuel est de fr. 166,66?

**35.** (a) Quel est le marché résultant d'un achat à prime de $2n$ coupures au cours A dont $p$ et d'une vente simultanée de $n$ coupures au cours V, ferme? Graphique.

(b) Équivalence d'effets par l'escompte composé.

**36.** (a) Bordereaux d'escompte. Méthode des nombres. Méthode de Thoyer.

(b) On a déboursé 1 459 fr. 40 pour l'achat à Paris d'une lettre de change de 1 200 Rm. à 72 jours sur Berlin. Quelle était la cote du papier sur Berlin? Taux d'escompte 3 %.

**37.** (*a*) Cours de compensation. Son utilité. Dans quelles opérations intervient-il?
(*b*) Change indirect par la parité.

**38.** (*a*) Construction d'une table de parité du change entre Paris et Barcelone.
(*b*) Courbe de l'intérêt composé.

**39.** (*a*) Parité du change entre Paris et Londres.
(*b*) Échéance commune par l'intérêt composé.

**40.** (*a*) Échéance moyenne par l'intérêt composé.
(*b*) Gold-points.

# LANGUES ÉTRANGÈRES

*1ʳᵉ Langue :* Anglais.
*2ᵉ Langue :* Allemand ou Espagnol.

Pour l'examen des langues étrangères, le questionnaire est remplacé par une série d'indications établies à l'avance par l'examinateur, inscrites sur des papiers séparés et tirés au sort par les élèves.

L'examen comprend trois parties :

1° Traduction d'un texte français : exercice commercial, de correspondance, etc...;

2° Traduction en français d'un passage choisi dans un ouvrage expliqué en classe;

3° La conversation, qui portera plus spécialement sur les deux premières parties de l'examen.

L'examen aura lieu, autant que possible, dans la langue étrangère.

# HISTOIRE DE L'ÉVOLUTION DU COMMERCE MODERNE

1. (a) Les découvertes géographiques des Portugais.
   (b) Le second Empire : agriculture, industrie, commerce et voies de communication.
2. (a) Les découvertes géographiques des Espagnols.
   (b) Le second Empire : le crédit, la politique ouvrière.
3. (a) Conséquences économiques des découvertes géographiques du xvi$^e$ siècle.
   (b) Lois économiques et ouvrières de la 3$^e$ République française.
4. (a) La France économique de 1515 à 1610.
   (b) La science française contemporaine. Le néo-protectionnisme.
5. (a) Henri IV et Sully. Richelieu : leurs réformes économiques.
   (b) Politique coloniale de la 3$^e$ République.
6. (a) Formation de la Hollande aux xvi$^e$ et xvii$^e$ siècles.
   (b) L'Angleterre économique de 1815 à 1849.
7. (a) Colbert : ses réformes industrielles.
   (b) L'Angleterre économique de 1849 à nos jours. Conquête de la route maritime de l'Inde et de l'Extrême-Orient.

8. (a) Colbert : ses réformes commerciales.
   (b) L'Impérialisme anglais en Afrique : Égypte et Afrique australe.

9. (a) Révocation de l'Édit de Nantes. Le système de Law.
   (b) L'Unité allemande jusqu'en 1870. Le Zollverein.

10. (a) Les Français et les Anglais aux Indes pendant le xviii<sup>e</sup> siècle.
    (b) L'Allemagne depuis 1870. Le pangermanisme.

11. (a) Le socialisme révolutionnaire en France depuis Babeuf jusqu'aux journées de Juin 1848.
    (b) L'Italie de 1815 à 1870.

12. (a) Le socialisme théorique depuis J.-J. Rousseau jusqu'à Proudhon.
    (b) L'Italie depuis 1870. La question d'Orient de 1815 à 1856.

13. (a) La France économique de 1815 à 1848.
    (b) La question d'Orient de 1856 à 1914.

14. (a) La France économique sous le Consulat et le 1<sup>er</sup> Empire.
    (b) La Chine nouvelle depuis la guerre de l'opium.

15. (a) Le commerce français à l'époque de la Révolution (1789-1799).
    (b) Le Japon contemporain.

16. (a) Situation économique de la France et de l'Europe aux approches de la Révolution.
(b) Les États-Unis depuis 1783 jusqu'en 1865.
17. (a) Les doctrines économiques au xviii$^e$ siècle. Turgot et ses réformes.
(b) Progrès des État-Unis depuis 1865.
18. (a) Origine de la République des États-Unis (1775-1783).
(b) Émancipation et progrès de l'Amérique latine.
19. (a) Rivalité des Français et des Anglais au Canada pendant le xviii$^e$ siècle.
(b) La Russie contemporaine.

# GÉOGRAPHIE ÉCONOMIQUE

1. (a) Facteurs qui affectent le commerce et l'industrie : 1° le sol et le relief terrestres, leur influence sur le climat, l'agriculture, les mines, le commerce et les voies de communication.
   (b) L'Amérique anglaise du Nord. Canada et Terre-Neuve. Croquis.

2. (a) Facteurs qui affectent le commerce et l'industrie ; 2° la mer, les courants marins, la faune, les côtes.
   (b) Les États-Unis : la section Nord-Atlantique. Croquis.

3. (a) Facteurs qui affectent le commerce et l'industrie : 3° le climat (vents, pluie, différentes zones de température).
   (b) Les États-Unis : la section du Sud. Croquis.

4. (a) Facteurs qui affectent le commerce et l'industrie : 4° l'Hydrographie, régime des cours d'eau, leur classification, leur adaptation aux besoins de l'agriculture, de l'industrie et du commerce.
   (b) Les États-Unis : la section Nord-Central. Croquis.

**5.** (*a*) Les grandes zones de végétation du globe.

(*b*) Les États-Unis : la section de l'Ouest. Croquis.

**6.** (*a*) Les faunes. Leur répartition sur le globe.

(*b*) L'expansion américaine dans le Pacifique : Alaska, Hawaï, Samoa, Guam, Galapagos, Philippines. Croquis.

**7.** (*a*) La répartition des populations, des langues, des religions.

(*b*) L'expansion des États-Unis dans la mer des Caraïbes : Porto-Rico, Cuba, Canal de Panama. Croquis.

**8.** (*a*) Les matières agricoles du commerce et leurs industries. Produits de la zone tempérée (céréales, légumes, betterave sucrière, fruits).

(*b*) Le Mexique. Croquis.

**9.** (*a*) Produits textiles de la zone tempérée : chanvre, lin, laine et soie — leur industrie.

(*b*) L'Amérique centrale et les Indes occidentales. Croquis.

**10.** (*a*) Produits sous-tropicaux : coton, jute, ramie et leur industrie ; tabac, opium, thé.

(*b*) L'Amérique du Sud tropicale : Venezuela, Guyanes, Colombie, Équateur, Pérou, Bolivie. Croquis.

**11.** (*a*) Produits tropicaux : café, cacao, riz, millet et autres produits farineux, fruits principaux.

(*b*) Le Brésil. Croquis.

**12.** (a) Produits tropicaux : canne à sucre et son industrie, quinquina, textiles, caoutchouc.

(b) L'Amérique du Sud tempérée : l'Argentine. Croquis.

**13.** (a) Produits des pays à climats variés : huiles végétales, gommes, résines, épices, bois, fourrures. — Élevage et ses dérivés alimentaires et industriels.

(b) L'Amérique du Sud tempérée : Uruguay, Paraguay, Chili. Croquis.

**14.** (a) Les produits de la pêche.

(b) Le Pacifique : Mélanésie et Polynésie. Croquis.

**15.** (a) Produits minéraux : houille, fer et pétrole.

(b) L'Australie et la Nouvelle-Zélande. Croquis.

**16.** (a) Produits minéraux : or, argent, diamant et pierres précieuses, plomb, cuivre.

(b) Le Japon et la Corée. Croquis.

**17.** (a) Produits minéraux : zinc, étain, aluminium, nickel, manganèse, mercure, sel et autres minéraux secondaires.

(b) L'empire chinois. Croquis.

**18.** (a) Produits de composition variée : peaux, papiers, argile, porcelaine, verre, industries chimiques.

(b) L'Asie du Sud : Malaisie et Indo-Chine. Croquis.

**19.** (a) Les grandes voies de communication fluviales et lacustres au point de vue des transports.

(b) L'Inde et Ceylan. Croquis.

**20.** (a) Les grands canaux d'Amérique et d'Asie : comparaison et classification.

(b) L'Asie occidentale : Arabie, Asie turque, Perse. Croquis.

**21.** (a) Les grandes voies ferrées américaines.

(b) L'Asie russe : la Sibérie. Croquis.

**22.** (a) Les grandes routes : caravanes, portage, etc.

(b) L'Asie centrale russe, l'Afghanistan, le Béloutchistan. Croquis.

**23.** (a) Les grands ports américains : classification et comparaison.

(b) L'Afrique méditerranéenne : l'Égypte et le Soudan, le canal de Suez. Croquis.

**24.** (a) Les grands ports d'Asie.

(b) La Tunisie. Croquis.

**25.** (a) Les grands ports d'Afrique.

(b) L'Algérie et le Maroc. Croquis.

**26.** (a) Les grandes marines de commerce et les grandes compagnies de navigation.

(b) L'Afrique occidentale française. Croquis.

**27.** (a) Commerce. Les importations et exportations de produits alimentaires, de matières premières et de produits manufacturés des États-Unis de

1875 à 1913 comparées avec celles de l'Angleterre, de la France et de l'Allemagne.

(b) L'Afrique équatoriale française. Croquis.

28. (a) Le classement des principales nations au point de vue de la métallurgie, des industries mécaniques et électriques.

(b) L'Afrique occidentale anglaise. Croquis.

29. (a) Le classement des principales nations au point de vue des manufactures de coton, de laine, de soie et de caoutchouc.

(b) L'Afrique allemande. Croquis.

30. (a) Évolution des moyens de transport par terre au XIX<sup>e</sup> siècle.

(b) L'Afrique du Sud. Croquis.

31. (a) L'évolution des moyens de transport par eau au XIX<sup>e</sup> siècle.

(b) L'Afrique orientale anglaise. Croquis.

32. (a) Évolution des moyens de transport par mer au XIX<sup>e</sup> siècle.

(b) L'Afrique orientale française : Madagascar et les Comores, etc. Croquis.

33. (a) Les grandes lignes postales télégraphiques terrestres, câbles sous-marins et télégraphie sans fil.

(b) Le Congo belge. Croquis.

34. (a) Comparaison du Canada et de la Sibérie.

(b) Les Portugais en Afrique. Croquis.

**35.** (*a*) Le peuplement des États-Unis.

(*b*) Les Italiens en Afrique : l'Abyssinie et la Tripolitaine. Croquis.

**36.** (*a*) L'Élevage en Australie et en Nouvelle-Zélande.

(*b*) L'expansion coloniale allemande dans l'Amérique centrale et méridionale et en Asie. Croquis.

**37.** (*a*) Les relations commerciales des États-Unis avec l'Asie.

(*b*) Les chemins de fer en Asie. Croquis.

**38.** (*a*) Les relations commerciales des États-Unis avec l'Europe.

(*b*) L'émigration européenne dans l'Amérique du Sud et centrale. Graphiques.

**39.** (*a*) Les importations et exportations de l'Europe dans l'Argentine et au Brésil.

(*b*) Les chemins de fer en Afrique. Croquis.

**40.** (*a*) Les relations économiques des États-Unis avec l'Amérique du Sud.

(*b*) Les Européens dans le Pacifique. Croquis.

# LÉGISLATION COMMERCIALE

1. (a) Des commerçants. Intérêts de la distinction entre commerçants et non commerçants.
   (b) Pouvoir exécutif. Le Président de la République et les ministres.

2. (a) Des obligations spéciales des commerçants. Leurs droits. Chambres de commerce et Tribunaux de commerce.
   (b) Les principes généraux du droit public. Souveraineté nationale et séparation des pouvoirs.

3. (a) Capacité pour faire le commerce. Différentes catégories d'incapables.
   (b) Pouvoir législatif. Les deux Chambres.

4. (a) Le mineur commerçant.
   (b) Le contrat de mariage et les régimes matrimoniaux. Publication du contrat de mariage des commerçants.

5. (a) La femme commerçante. Comparaison avec le droit civil.
   (b) Les sources du droit (Codes. Loi. Décrets. Jurisprudence). Les principales divisions du droit.

6. (a) Des actes de commerce. Intérêts de la distinction des actes de commerce et des actes civils.
   (b) Le préfet et ses auxiliaires. Conseil général. Conseil d'arrondissement.

7. (*a*) La législation du travail. Accidents, salaires, etc...

   (*b*) Les successions. Successions *ab intestat* et successions testamentaires.

8. (*a*) Actes de commerce en vertu de la théorie de l'accessoire.

   (*b*) Modes d'acquisition de la propriété. Contrat. Prescription. Transcription de l'acte de vente.

9. (*a*) Caractères du contrat de société. Associations et syndicats. Loi de 1901.

   (*b*) Nationalité. Domicile. État civil.

10. (*a*) Division générale des sociétés. Sociétés commerciales. Sociétés civiles. Sociétés de personnes et sociétés de capitaux.

    (*b*) Organisation de la commune. Le maire. Le conseil municipal. Règles spéciales à la ville de Paris.

11. (*a*) La personnalité des sociétés. Conséquences de cette idée.

    (*b*) La propriété. Restrictions au droit du propriétaire.

12. (*a*) Caractères de la société en nom collectif.

    (*b*) Effets juridiques résultant de la parenté et de l'alliance.

13. (*a*) Administration de la société en nom collectif.

(b) Auxiliaires des commerçants : représentants, voyageurs, employés. Louage de travail.

14. (a) Caractères de la société en commandite.
    (b) Organisation judiciaire. Les justices de paix. Les tribunaux de première instance. Cours d'appel. Tribunaux répressifs.

15. (a) Administration de la société en commandite.
    (b) Meubles et immeubles. Intérêts de la distinction.

16. (a) Émission et forme de la lettre de change.
    (b) Le cautionnement ; bénéfices de la caution.

17. (a) La commandite par actions.
    (b) Les effets de commerce. Caractères généraux.

18. (a) L'hypothèque et le gage.
    (b) Droits et obligations du porteur non payé.

19. (a) De la constitution des sociétés par actions.
    (b) Déchéances encourues par le porteur négligent.

20. (a) Souscription du capital social et versement du quart.
    (b) De l'effet des obligations. Obligations de sommes d'argent. Obligations de faire.

21. (a) Division des contrats. Contrats synallagmatique et unilatéraux. Contrats solennels. Contrats aléatoires.

## LÉGISLATION COMMERCIALE

(b) La vente commerciale. Des différentes espèces de vente. Théorie des risques.

22. (a) Assemblée constitutive de la société. Apports en nature et avantages particuliers.
(b) Sociétés étrangères en France. Sociétés françaises à l'étranger.

23. (a) Des administrateurs des sociétés par actions.
(b) Interdiction et conseil judiciaire.

24. (a) Pouvoirs des administrateurs.
(b) Comparaison entre le gage commercial et le gage civil. Magasins généraux. Warrants.

25. (a) Des commissaires de surveillance ou censeurs. Du conseil de surveillance.
(b) Conditions essentielles à la formation d'un contrat. Consentemnet. Objet. Capacité.

26. (a) Sociétés anonymes à participation ouvrière.
(b) Du contrat de commission. Son utilité. Ses effets.

27. (a) Des assemblées ordinaires. Distribution des dividendes.
(b) Du contrat de transport.

28. (a) Des assemblées extraordinaires.
(b) Bourses de marchandises. Les courtiers. Bourses des effets publics et autres. Agents de change.

29. (a) Les actions de travail.
(b) La provision. Les traités documentaires.

**30.** (*a*) Différentes espèces d'actions. Parts de fondateurs. Actions de priorité. Actions de jouissance.
(*b*) Des modes d'extinctions des obligations en droit civil. Énumération et définition.

**31.** (*a*) Différence entre l'endossement de la lettre de change et la cession de créances.
(*b*) Le paiement. La novation. La prescription extinctive.

**32.** (*a*) Comparaison des actions et obligations.
(*b*) Le chèque.

**33.** (*a*) Incapacité de la femme mariée suivant les différents régimes matrimoniaux.
(*b*) Publication des sociétés.

**34.** (*a*) Sociétés à capital variable.
(*b*) Titres nominatifs, au porteur, à ordre. Circulation des actions.

**35.** (*a*) Association en participation.
(*b*) L'action paulienne en droit civil et en droit commercial.

**36.** (*a*) Minorité tutelle.
(*b*) Circulation des actions. Titres perdus et volés.

**37.** (*a*) Sociétés civiles à forme commerciale.
(*b*) Théorie générale de la preuve. Preuve résultant des livres de commerce.

**38.** (*a*) Dissolution des sociétés.
(*b*) Énonciations obligatoires et facultatives de la lettre de change.

39. (a) Liquidation des sociétés. Pouvoirs du liquidateur.

(b) Exercice par le créancier des actions du débiteur.

40. (a) Amortissement des actions et des obligations.

(b) Des opérations de banque. Escompte. La haute banque. Le compte-courant.

41. (a) Acceptation de la lettre de change. Le protêt. Faute d'acceptation. Acceptation par intervention.

(b) Du billet à ordre. Billet au porteur.

# CHIMIE ET TECHNOLOGIE

1. (a) Chauffage industriel et domestique. Appareils Siemens.

   (b) Analyse élémentaire organique. Méthane. Ethylène.

2. (a) Chlore. Préparation. Chlorures décolorants. Chlorométrie.

   (b) Pétrole naturel. Produits qu'on en tire. Applications.

3. (a) Acide chlorhydrique. Préparation. Propriétés. Emplois. Essai.

   (b) Gaz d'éclairage. Fabrication.

4. (a) Brome et Bromures. Préparation. Propriétés. Emplois.

   (b) Gaz de gazogène. Gaz à l'eau. Gaz pauvre. Flammes. Lampes de sûreté.

5. (a) Iode et Iodures. Préparation. Propriétés. Emplois.

   (b) Acétylène. Préparation. Propriétés. Emplois.

6. (a) Houilles. Propriétés générales. Classification. Essai.

(b) Fonction alcool. Alcools méthylique et éthylique.

7. (a) Chaux et ciments. Fabrication. Emplois. Essai de la chaux.

   (b) Fonction acide. Acide acétique.

8. (a) Plâtre. Fabrication. Emplois. — Briques.

   (b) Fonction aldéhyde. Formol. Aldéhyde éthylique.

9. (a) Porcelaine. Fabrication. Décoration.

   (b) Ethers-Oxydes. Ether sulfurique.

10. (a) Poteries. Faïences. Grès.

    (b) Ethers-Sels. Ether acétique.

11. (a) Verre. Propriétés générales. Fours de verreries.

    (b) Corps gras. Saponification. Fabrication des savons.

12. (a) Verre à vitres. Glaces. Gobeletterie.

    (b) Acides gras. Fabrication des bougies. Glycérine.

13. (a) Épuration des eaux. Essai des eaux. Hydrotimétrie.

    (b) Sucres et polysaccharides.

14. (a) Fabrication de la fonte. Essai du fer.

    (b) Distillation du goudron de houille. Benzine. Naphtaline. Propriétés. Emplois.

15. (a) Travail des métaux. Fonte. Forge. Estampage. Emboutissage. Tréfilerie. Laminage.

(b) Fonction phénol. Phénol. Naphtols. Acide gallique. Tanins.

16. (a) Soufre et sulfure de carbone. Extraction et préparation. Propriétés. Emplois.

    (b) Toluène. Acide et aldéhyde benzoïque. Vanilline.

17. (a) Théorie des engrais. Engrais azotés, phosphatés, potassiques. Législation.

    (b) Amines. Aniline. Matières colorantes.

18. (a) Engrais azotés, les diverses sources. Dosage de l'azote organique.

    (b) Carbonate de potassium. Sources diverses. Purification. Propriétés. Emplois. Essai.

19. (a) Fabrication des aciers. Procédé Martin-Siemens.

    (b) Azotates de sodium et de potassium. Dosage de l'azote nitrique.

20. (a) Fabrication des aciers. Procédé Bessemer. Aciers spéciaux.

    (b) Chlorate de potassium. Préparation. Propriétés. Emplois.

21. (a) Cuivre. Métallurgie. Propriétés. Emplois.

    (b) Anhydride et acide sulfureux. Préparation. Propriétés. Emplois.

22. (a) Alliage du cuivre. Préparation. Propriétés. Essai.

    (b) Acide sulfurique. Fabrication par les chambres de plomb.

23. (*a*) Zinc. Métallurgie. Propriétés. Emplois. Blanc de zinc.

    (*b*) Acide sulfurique. Fabrication par le procédé de contact. Propriétés. Essai.

24. (*a*) Nickel. Métallurgie. Propriétés. Emplois.

    (*b*) Ammoniaque. Essai. — Sels ammoniacaux.

25. (*a*) Étain. Métallurgie. Propriétés. Essai des alliages à base d'étain.

    (*b*) Ammoniaque. Préparation. Propriétés. Emplois.

26. (*a*) Plomb. Métallurgie. Propriétés. Emplois.

    (*b*) Acide azotique. Préparation. Propriétés. Emplois. Essai.

27. (*a*) Argent. Métallurgie. Propriétés. Emplois.

    (*b*) Phosphore blanc et phosphore rouge. Préparation. Propriétés. Emplois.

28. (*a*) Or. Extraction. Affinage. Propriétés. Emplois.

    (*b*) Superphosphates. Fabrication. Emploi. Essai.

29. (*a*) Aluminium. Métallurgie. Propriétés. Emplois.

    (*b*) Carbonate de sodium. Préparations. Propriétés. Emplois. Essai.

30. (*a*) Mercure. Platine. Extraction. Affinage. Propriétés. Emplois.

    (*b*) Soude et potasse. Fabrication. Propriétés. Emplois. Essai.

www.ingramcontent.com/pod-product-compliance
Lightning Source LLC
Chambersburg PA
CBHW070320100426
42743CB00011B/2489